METHODOLOGIE JURIDIQUE

Les Piliers pour réussir vos études de droit

Tome 2 : Les exercices juridiques

METHODOLOGIE JURIDIQUE

Les Piliers pour réussir vos études de droit

Tome 2 : Les exercices juridiques

Edition Novembre 2021

Aurny AIRDUVAL

Contributeur du site ultimatedroit.fr

Cette œuvre est protégée dans toutes ses composantes par les dispositions du Code de la propriété intellectuelle, notamment celles relatives aux droits d'auteur.

Copyright © 2021 - Tous droits réservés

Aurny AIRDUVAL - www.ultimatedroit.fr

« Il n'y a point de méthode facile pour apprendre les choses difficiles. »
Joseph de Maistre

Avant-propos

Au lieu de publier en un seul volume un ouvrage de méthodologie juridique nous avons considéré comme étant plus approprié de procéder à une publication en trois tomes distincts.

En effet la méthodologie juridique est classiquement limitée à la compréhension et à la résolution des exercices juridiques. Nous estimons que cette conception est insuffisante. A notre sens la prise de connaissance d'autres données favorise la réussite des étudiants en droit.

C'est pourquoi nous défendons une conception extensive de la méthodologie juridique qui repose sur trois Piliers. Chaque Pilier est traité dans un tome qui lui est spécifiquement dédié.

Le premier Pilier concerne les outils dont l'étudiant en droit doit faire usage. Ce Pilier a été développé dans le premier tome de notre ouvrage de méthodologie juridique[1]. Il contient des indications relatives aux outils utiles pour réussir des études de droit

Le second Pilier correspond au sens usuel donné à la méthodologie juridique. Il porte sur les méthodes pour comprendre et pour résoudre les exercices juridiques. Son contenu est exposé dans le présent second tome.

Dans le cadre de la rédaction de ce tome nous avons décidé qu'il traiterait des principaux exercices auxquels sont confrontés les étudiants en droit[2], à savoir :

---

1 Aurny AIRDUVAL, « Méthodologie juridique, Les Piliers pour réussir vos études de droit, Tome 1 : Les outils », Octobre 2021.
2 Il résulte de ce choix que certains exercices ne sont pas traités dans ce tome. Il en va ainsi de l'examen oral et de la fiche d'arrêt. Cette dernière est toutefois étudiée dans le cadre du carnet de jurisprudence que nous avons publié, lequel permet de regrouper sur un seul support plusieurs fiches d'arrêts : Aurny

- le commentaire d'arrêt ;

- le commentaire d'arrêts comparés ;

- le commentaire d'article ;

- le cas pratique ;

- la dissertation juridique ;

- la note de synthèse.

Nous avons été amené à traiter ces différents exercices juridiques en suivant généralement une trame constituée ainsi que suit[3] :

AIRDUVAL, « Carnet de jurisprudence », Avril 2021.
3   Pour chaque exercice juridique la rédaction des développements n'est pas abordée.

- des indications relatives à un travail préparatoire ;

- des indications relatives au plan,

- des indications relatives à l'introduction.

Pour la note de synthèse et le cas pratique il nous a semblé nécessaire de faire précéder ces indications par des propos qui portent sur le but spécifique de chacun de ces exercices.

Le commentaire d'arrêts comparés est lui un cas particulier car si une partie relative au but de cet exercice est présente nous n'avons par contre pas formulé des remarques concernant le travail préparatoire, ceci en raison de points communs à ce niveau avec le commentaire d'arrêt « normal ».

Le troisième Pilier est composé par des techniques d'apprentissage. Elles constituent une aide pour l'acquisition des connaissances. Elles sont exposées dans le troisième tome de notre ouvrage de méthodologie juridique[4].

---

[4] Aurny AIRDUVAL, « Méthodologie juridique, Les Piliers pour réussir vos études de droit, Tome 3 : Les techniques d'apprentissage », Octobre 2021.

Chapitre 1 - Le commentaire d'arrêt

Le commentaire d'arrêt est l'exercice juridique le plus fréquent. Il est donc d'autant plus nécessaire de maîtriser la méthodologique très particulière applicable à cet exercice.

Pour cela nous vous proposons d'effectuer sur un brouillon un travail préparatoire. Celui-ci va vous permettre de bâtir par la suite le plan de votre commentaire d'arrêt. Ce plan va vous servir de guide lorsque vous allez devoir rédiger le commentaire. L'introduction doit constituer la dernière étape de votre commentaire d'arrêt même si elle est destinée à être lue en premier.

Section I - Le travail préparatoire au commentaire d'arrêt

Ce travail préparatoire débute par la lecture de l'arrêt[5]. Cette lecture ne doit pas être unique. Il faut lire l'arrêt plusieurs fois.

Cette répétition permet de « décortiquer » l'arrêt pour bien comprendre les faits et la procédure le concernant.

---

[5] Concernant la lecture des arrêts, et plus largement des décisions de justice, nous vous proposons de lire les articles suivants :
- « La rédaction moderne des arrêts de la Cour de cassation », 3 mai 2021,
https://www.ultimatedroit.fr/redaction-arret-cour-cassation-1309/
- « La rédaction moderne des décisions des juridictions administratives », 29 avril 2021,
https://www.ultimatedroit.fr/redaction-arret-conseil-detat-1305/

I / Le travail préparatoire concernant les faits

Il est nécessaire sur votre brouillon de parvenir à déterminer les faits à prendre considération. Vous devez également les classer.

A) Les faits à prendre en considération

Vous allez devoir recenser les faits concernés par l'arrêt à commenter.

Il y a deux approches antagonistes. Certains estiment qu'il faut retenir la totalité des faits. D'autres considèrent que seuls les faits pertinents doivent être retenus.

Nous nous rangeons à cette seconde opinion. Il est à notre sens totalement illogique de vouloir exposer des faits qui sont absolument inutiles.

Si vous avez un doute concernant sur ce point la préférence de votre professeur et de votre chargé de travaux dirigés nous vous encourageons à les interroger. C'est probablement le seul moyen de connaître leur opinion à moins qu'ils procèdent à une déclaration spontanée.

Les faits ne doivent pas être simplement reproduits d'une façon « brute ». Il faut qualifier juridiquement les faits, autrement dit les « traduire » en des termes juridiques.

Ainsi, à titre d'exemple, une personne au volant d'un véhicule doit être citée comme étant un « conducteur ». De même une personne qui travaille pour une autre personne va être citée comme étant un « salarié ».

Cette qualification des faits est une opération très importante. Elle permet de déterminer le régime juridique applicable à une situation donnée et constitue une étape essentielle du syllogisme juridique[6].

Après avoir recensé les faits pertinents vous allez devoir les classer.

B) Le classement des faits

Il est nécessaire de procéder sur votre brouillon à un classement des faits.

La méthode de classement la plus évidente consiste à faire un classement chronologique. Il est souvent préconisé de faire ce classement chronologique sous la forme d'un tableau avec

---

[6] Concernant le syllogisme juridique nous vous proposons de lire l'article suivant : Le raisonnement juridique », 21 novembre 2019, https://www.ultimatedroit.fr/le-raisonnement-juridique-337/

deux colonnes. Dans ce cas une colonne est consacrée à la date des faits et l'autre colonne est relative à l'exposé des faits eux-mêmes.

Cette méthode très enseignée peut toutefois ne pas vous convenir.

En présence d'une telle situation vous pouvez alors procéder autrement. Ainsi une méthode moins formelle consiste à mentionner chronologiquement les faits avec la date de ceux-ci[7] sans faire des colonnes. Un saut de ligne permet de différencier les faits qui ne sont pas de la même date. On est proche d'un tableau mais sans avoir à formaliser celui-ci.

Une autre méthode consiste à classer les faits en faisant usage d'un diagramme. Dans ce cas, à notre sens, le diagramme doit de préférence prendre la forme d'une carte

---

7   A votre convenance vous pouvez mettre la date avant ou après les faits.

mentale[8]. Lors de la construction de la carte mentale chaque branche est alors dédiée à une date et aux faits correspondants.

---

[8] Concernant l'usage des cartes mentales pour l'apprentissage du droit nous vous proposons de lire notre ouvrage : Aurny AIRDUVAL, « Méthodologie juridique, Les Piliers pour réussir vos études de droit, Tome 3 : Les techniques d'apprentissage », Octobre 2021. Nous vous proposons également de lire les articles suivants :
- « Comment faire une carte mentale », 25 novembre 2020, https://www.ultimatedroit.fr/comment-faire-carte-mentale-905/
- « Comment choisir l'orientation d'une carte mentale », 7 novembre 2020, https://www.ultimatedroit.fr/orientation-carte-mentale-829/
- « Carte mentale : manuscrite ou numérique, laquelle choisir ? », 13 octobre 2020, https://www.ultimatedroit.fr/carte-mentale-manuscrite-numerique-767/
- « Les éléments qui composent les cartes mentales », 23 novembre 2020, https://www.ultimatedroit.fr/elements-cartes-mentales-896/
- « Ce que sont les cartes mentales », 15 novembre 2020, https://www.ultimatedroit.fr/carte-mentale-definition-857/
- « Les cartes mentales et les cartes conceptuelles », 4 novembre 2020,

Lorsque le travail préparatoire relatif aux faits est effectué vous pouvez entamer un travail similaire relatif à la procédure.

II / Le travail préparatoire concernant la procédure

Il est nécessaire de lister sur votre brouillon les différents éléments relatifs à la procédure et de les classer.

---

https://www.ultimatedroit.fr/cartes-mentales-conceptuelles-819/
- « Les logiciels pour faire des cartes mentales numériques », 24 octobre 2020, https://www.ultimatedroit.fr/logiciels-cartes-mentales-799/
- « Cartes mentales : un outil puissant pour les juristes », 6 octobre 2019, https://www.ultimatedroit.fr/cartes-mentales-juristes-218/

A) Les différents éléments relatifs à la procédure

Vous allez devoir sur votre brouillon définir l'état de la procédure et son déroulement depuis le début de celle-ci jusqu'à l'arrêt objet du commentaire.

Il est nécessaire de commencer par indiquer qui a introduit l'action en justice, comment, pour obtenir quoi et avec quels arguments. Vous allez devoir indiquer la réponse apportée par toutes les juridictions qui ont eu connaissance de l'affaire en cause : la juridiction de première instance, puis celle de seconde instance, puis la cour de cassation, éventuellement une juridiction de renvoi et nouvelle fois Cour de cassation.

A chaque fois vous devez indiquer la date de la décision, la ville où siège la juridiction, à l'exception de celle de la Cour de cassation mais vous prendrez soin pour elle d'indiquer la chambre qui s'est prononcée.

Pour chaque décision vous devez indiquer les moyens des parties, le sens de la décision avec ses motifs et son dispositif. Vous devez aussi dire qui a exercé un recours.

Cette analyse de la procédure doit vous permettre de définir le problème juridique relatif à l'arrêt en cause. Autrement dit vous devez indiquer la question qu'avait à résoudre la juridiction qui a rendu l'arrêt pour résoudre le litige. Cette même analyse de la procédure doit vous mettre en mesure d'indiquer la solution qu'à appliqué la juridiction à ce problème juridique.

B) Les classements des éléments relatifs à la procédure

Les éléments relatifs à la procédure doivent faire l'objet d'un classement sur votre brouillon. Il est souvent préconisé de faire ce classement sous la forme d'un tableau.

Toutefois si cette façon de procéder ne vous convient pas vous pouvez recourir à une autre solution dans le but de trouver la méthode qui fonctionne le mieux pour vous. Ainsi il est possible de réserver une feuille de brouillon, ou plusieurs si nécessaire, pour la procédure. Celle-ci va permettre de transcrire le déroulement de la procédure. Pour bien distinguer les étapes vous pouvez faire des sauts de ligne.

Comme pour le classement des faits vous pouvez adopter une technique radicalement différente résidant en l'usage d'un diagramme. Le type de diagramme qui nous semble le plus pertinent correspond à la technique de la carte mentale.

Section II - Le plan du commentaire d'arrêt

Plusieurs notions doivent absolument figurer dans un commentaire d'arrêt. L'intégration de ces notions peut conduire à adopter un plan qui suit une configuration traditionnelle. Toutefois il est possible d'adopter des solutions alternatives.

I / Les notions à que le plan doit contenir absolument

Pour élaborer votre plan il est important de comprendre que votre commentaire d'arrêt doit absolument contenir les trois notions suivantes : le sens de l'arrêt, la valeur de l'arrêt et sa portée.

Le sens de l'arrêt correspond au raisonnement qu'a tenu la juridiction. Vous devez exposer clairement ce raisonnement. Vous devez dire ce que la juridiction a voulu exprimer. Vous devez écrire ce que cette décision de justice signifie.

La valeur de l'arrêt correspond à une critique de celui ci. Est ce que cette décision est correcte ? Est ce que les juges se sont bien prononcés ? Leur analyse est-elle la bonne ? Vous ne devez pas apporter une réponse simplement péremptoire vous devez étayer votre réponse. Pour exprimer la valeur de la décision de justice vous devez tenir compte d'arguments juridiques, d'arguments économiques, et d'arguments sociétaux.

La portée d'un arrêt correspond à ce qu'il apporte. Qu'elles sont les conséquences de cet arrêt ? Est-il important ou non ? Sommes nous en présence d'un arrêt de principe ou d'un arrêt d'espèce ? Est ce que cette décision va être appelée à se renouveler dans le futur ou non ? Voici toute une série d'interrogations qui peuvent vous aider à déterminer la portée de l'arrêt.

Ces trois notions doivent être traitées dans votre commentaire d'arrêt, que ce soit avec un plan classique ou avec un plan alternatif.

II / Le plan classique

Le commentaire d'arrêt comporte en principe deux parties principales (le I et le II) qui se subdivisent chacune en deux sous parties (les A et les B).

Traditionnellement le plan est élaboré ainsi :

- le sens doit se trouver dans le I. B ;

- la valeur doit être dans le II. A :

- la portée termine le commentaire d'arrêt en figurant dans le II. B.

Il reste donc une partie vide c'est le I. A.

Certains étudiants peuvent avoir des difficultés pour identifier les notions à incorporer dans cette partie vide. La solution que nous vous proposons d'adopter consiste à mettre dans celle-ci un rappel du droit positif tel qu'il existait avant l'intervention de la décision à commenter.

Afin de limiter les risques que l'on vous dise que cela est hors sujet[9] n'hésitez pas à vous référer à l'arrêt objet du commentaire, en écrivant par exemple « avant l'arrêt du (date

---
9 Bien qu'à notre sens en rappelant le droit positif on commente forcément la décision.

de l'arrêt) la jurisprudence s'était prononcée dans le sens suivant... » ou « avant l'arrêt en date du (date de l'arrêt) il existait un article du code civil selon lequel... ».

Parmi les différentes parties du commentaire d'arrêt celles relatives au sens (I. B.) et à la valeur (II. A.) doivent être les parties les plus développées.

Chaque partie de votre plan doit comporter des titres. Ces titres ne doivent pas reprendre les mots « sens, valeur, portée ». Il faut faire preuve de plus d'originalité. Les titres vont dépendre de l'arrêt objet du commentaire et du contenu de chaque partie.

Il existe plusieurs techniques pour la création des titres. Il est notamment possible de retenir des termes qui s'opposent ou à l inverse des termes qui se répondent.

Le plan décrit présentement est un plan classique. Il peut paraître rigoureux. Toutefois avec l'expérience le droit positif, le sens, la valeur, et la portée, sont des notions qui vont venir naturellement. Le rédacteur habitué au commentaire d'arrêt peut faire ce type de plan sans même y penser réellement.

Toutefois selon l'arrêt à commenter le plan classique peut ne pas être le plus adapté. Dans ce cas des solutions alternatives existent.

III / Des solutions alternatives

Selon l'arrêt sur lequel porte le commentaire le plan classique peut ne pas être le plus approprié. Dans ce cas il est opportun de recourir à des solutions alternatives.

Ainsi si l'arrêt présente deux problèmes juridiques ceux-ci sont souvent exposés avec des moyens différents. Il peut être alors préférable que ces moyens fassent l'objet de commentaires séparés dans chaque partie principale.

D'autres types de plans peuvent également être retenus au titre de solutions alternatives, notamment les plans suivants :

- principe / exception ;

- principe / application ;

- conditions / effets ;

- régime avant la date du ... / régime après la date du ... ;

- avantages / inconvénients.

Dans tous les cas les notions de sens, de valeur et de portée ne doivent pas être négligées, même s'il n'apparaît pas, selon les circonstances, possible de développer celles-ci dans des parties spécifiques.

Section III - L'introduction du commentaire d'arrêt

Contrairement à une opinion communément répandue nous estimons que l'introduction doit être rédigée en dernier et non en premier[10]. L'introduction doit être construire selon la technique dite de l'entonnoir[11]. Elle doit

---

10 Concernant notre opinion relative à la rédaction de l'introduction en dernier nous vous proposons de lire l'article « Comment éviter le piège de l'introduction », 10 novembre 2020, https://www.ultimatedroit.fr/conseil-introduction-834/

11 Cette technique est fréquente en droit et ne concerne pas uniquement l'introduction. Elle vise à partir des données générales pour progressivement arriver à des données particulières.

présenter la thématique de l'arrêt, elle doit donner au lecteur l'envie de prendre connaissance du document entier, elle doit annoncer les deux parties principales du commentaire d'arrêt.

A notre sens pour remplir ces objectifs il est nécessaire d'avoir au préalable connaissance de la teneur du commentaire d'arrêt, d'où notre opinion relative au fait de rédiger l'introduction en dernier.

L'introduction ne doit pas être traitée avec légèreté. Elle ne doit pas être « bâclée ». Mais il ne faut pas non plus y consacrer trop de temps. Concernant le volume de l'introduction il est généralement estimé qu'elle doit faire approximativement 1/4 du devoir.

Nous vous proposons de construire votre introduction en six parties.

I /   Première partie de l'introduction : la phrase d'accroche

La première partie de l'introduction de votre commentaire d'arrêt doit être constituée par une phrase d'accroche. Cette phrase d'accroche peut être considérée comme étant « l'introduction de l'introduction ». Elle effectue une présentation générale du sujet du commentaire.

Dans votre phrase d'accroche vous devez citer la date de l'arrêt, la juridiction qui a rendu l'arrêt et l'intérêt de la décision. Il existe des modèles de phrases qui sont utilisées classiquement par exemple celle-ci : « dans un arrêt en date du... la première chambre civile de la cour de cassation a été amenée à se prononcer sur... ».

Mais vous pouvez rédiger une phrase d'accroche plus élaborée. Par exemple vous pouvez mentionner que « dans cet arrêt la cour de cassation a opéré un revirement de jurisprudence concernant tel point du droit ». Ou bien vous pouvez écrire que « la cour de cassation a fait dans cet arrêt une application inédite de telle notion ».

Vous pouvez rendre votre phrase d'accroche plus intéressante en enjolivant celle-ci par des références. Il peut s'agir d'une référence juridique mais il peut également s'agir d'une référence culturelle qui porte sur la politique, sur la vie sociale, sur le domaine artistique ou sur l'histoire.

II /   Seconde partie de l'introduction : la description des faits

La seconde partie de l'introduction doit être constituée par la description des faits. Vous devez faire un tri entre les faits pertinents qui sont utiles pour la compréhension du sujet, et les faits non pertinents, qui sont donc inutiles pour la compréhension du sujet et qui à ce titre ne devront pas être cités dans l'introduction. Si vous avez suivi nos conseils vous avez déjà mentionné sur un brouillon uniquement les faits pertinents. Vous allez ainsi pouvoir reprendre facilement ces données.

Vous allez devoir mentionner les faits pertinents dans cette seconde partie de l'introduction du commentaire d'arrêt. Là aussi il existe des expressions qui reviennent souvent pour construire cette partie. Ainsi pour débuter cette seconde partie de l'introduction il est possible de faire une phrase commençant par « en l'espèce les faits étaient les suivants... ».

III / Troisième partie de l'introduction : la description de la procédure

Après la description des faits vous allez devoir traiter la troisième partie de l'introduction du commentaire d'arrêt. Cette partie doit être constituée par une description de la procédure. Si vous avez suivi nos conseil vous avez déjà toutes ces données exposées sur votre brouillon. Vous allez ainsi pouvoir les reprendre facilement.

Dans cette partie vous devez indiquer qui se trouve à l'origine de la procédure et pourquoi. Il va falloir rappeler les demandes des différentes parties, celles du demandeur mais également celles du défendeur. Il est requis d'indiquer le sens de la décision de première instance, ainsi que celle de la décision de seconde instance.

Lorsque la Cour de cassation s'est déjà prononcée antérieurement et qu'un renvoi a été ordonné il faut également faire état de cette situation, du sens de la décision de la Cour de cassation et de celui de la juridiction qui s'est prononcée sur le renvoi.

Pour débuter la description de la procédure il est possible de faire usage d'une phrase du style « le créancier décida alors de saisir le tribunal de commerce... » et il faut ensuite exposer les demandes de celui-ci et le fondement de chaque demande.

IV / Quatrième partie de l'introduction : l'exposé du problème juridique

La quatrième partie est dédiée à l'exposé du problème juridique. Dans celle-ci vous devez faire état de la question juridique que la Cour de cassation a été amenée à trancher. Pour débuter cette partie vous pouvez par exemple faire usage d'une phrase commençant par « Dans cet arrêt du... la Cour de cassation devait se prononcer sur le problème juridique suivant... ».

V / Cinquième partie de l'introduction : la solution de l'arrêt

Après la description du problème juridique vous devez aborder la cinquième partie de l'introduction. Cette cinquième partie est constituée par la solution de l'arrêt. Elle consiste à décrire la réponse apportée par la Cour de cassation et son fondement. Pourquoi la Cour de cassation a t'elle apporté cette solution ? Sur quoi la Cour de cassation s'est elle fondée ? Elle peut par exemple s'être fondée sur un article du Code civil. Dans ce cas vous pouvez écrire que la Cour de cassation a rendu sa décision au visa de tel article du Code civil.

VI / Sixième partie de l'introduction : l'annonce des parties principales

La sixième et dernière partie de l'introduction du commentaire d'arrêt concerne l'annonce du plan. Elle consiste à annoncer les deux parties principales du commentaire d'arrêt. Il existe deux méthodes pour faire cette annonce.

La méthode la plus simple et la plus enseignée est descriptive. Elle consiste à utiliser des termes tels que « d'une part » et « d'autre part » ou à titre de variante les mots « dans un premier temps » et « dans un second temps » ainsi par exemple il possible de dire « d'une part… avec le titre du I » et et « d'autre part… avec le titre du II ».

Une méthode plus complexe est dite littéraire. Cette méthode narrative consiste à construire une phrase qui va décrire les deux parties principales. Il ne s'agit donc pas de reprendre les mots des titres principaux. Il faut faire dans une seule phrase un résumé du contenu des deux parties principales. Dans le corps de ce résumé les titres principaux vont être ajoutés entre parenthèses, après les mots qui décrivent chaque partie principale.

Chapitre 2 - Le commentaire d'arrêts comparés

Le commentaire d'arrêts comparés[12] est une variante du commentaire d'arrêt. Il consiste à commenter plusieurs arrêts. Cet exercice présente donc des similitudes avec le commentaire d'arrêt classique mais il est aussi marqué par des différences.

Les propos qui suivent sont en conséquence limités aux particularités du commentaire d'arrêts comparés[13]. Ils portent sur le but du

---
12 Cet exercice peut être désigné de plusieurs façons : commentaire d'arrêts comparés, commentaire d'arrêts groupés, voire, plus rarement semble t'il, commentaire d'arrêts croisés. Chaque désignation peut en outre présenter différentes déclinaisons. Ainsi si l'on s'arrête à la désignation qui comporte le mot « comparé » on peut rencontrer les déclinaisons suivantes : commentaire d'arrêts comparés, commentaire d'arrêts comparé, commentaire d'arrêt comparé, commentaire comparé, commentaire comparé d'arrêts. Les mêmes déclinaisons peuvent être faites avec les mots « groupés » et « croisés ».
13 Ils interviennent en complément des indications lisibles dans le chapitre dédié au commentaire

commentaire d'arrêts comparés, sur le plan et sur l'introduction du commentaire.

I / Le but du commentaire d'arrêts comparés

Puisque le commentaire d'arrêts comparés repose sur le fait de comparer plusieurs arrêts entre eux vous devez trouver les liens qui existent entre ces arrêts. Vous devez faire ressortir les différences entre ces arrêts, ou au contraire les aspects complémentaires, ou bien les évolutions, ou bien encore la continuité qui existent entre ces arrêts.

Par exemple si le commentaire d'arrêts comparés concerne uniquement deux arrêts vous pouvez rechercher si le second arrêt constitue un revirement de jurisprudence par rapport au premier arrêt. Vous pouvez aussi vérifier si le second arrêt confirme le premier.

---

d'arrêt que nous vous encourageons à lire.

De même vous pouvez vous interroger pour savoir si le premier arrêt a posé un principe que le second arrêt va ensuite préciser, ou limiter, ou encore étendre ce principe à une autre situation.

II / Le plan du commentaire d'arrêts comparés

Pour l'élaboration du plan il est tentant lorsque deux arrêts sont présents de consacrer une première partie au commentaire d'un arrêt et une seconde partie au commentaire du second arrêts.

Cette technique qui revient à céder à la facilité démontre une mauvaise compréhension de la méthodologie du commentaire d'arrêts comparés. Il ne faut pas réaliser ce type de plan. Les risques d'être sanctionné sont élevés.

Il est préférable de s'astreindre à faire un plan comme s'il n'y avait qu'un arrêt à commenter et en suivant les règles relatives au plan du commentaire d'arrêt « normal ». Cela peut donner un plan de la forme sens, valeur, portée, qui est très fréquent pour ce dernier exercice juridique. Dans chaque partie du plan il faut commenter conjointement les deux arrêts en s'astreignant à faire ressortir leurs différences, les évolutions de l'un à l'autre, leurs points communs, leurs aspects complémentaires.

Selon le contexte un plan en deux parties peut en réalité dissimuler le fait de commenter un arrêt dans la première partie et un autre arrêt dans le seconde partie. Cela peut notamment être le cas lorsqu'une partie peut être consacrée à un principe affirmé par le premier arrêt et la seconde partie se voit elle consacrée aux exceptions apportées par le second arrêt.

Il y a là une situation particulière qui s'explique par le fait que les arrêts à commenter se prêtent à ce type de plan. Dans ce cas la construction du plan n'apparaît pas « artificielle » et semble être censée et raisonnable. Il peut être toutefois de bon ton de connaître au préalable l'avis du correcteur sur ce type de plan dans ce cas de figure particulier.

III / L'introduction du commentaire d'arrêts comparés

En ce qui concerne l'introduction du commentaire d'arrêts comparés on retrouve les éléments de l'introduction d'un commentaire d'arrêt classique.

Il va y avoir une accroche ainsi qu'une annonce du plan et l'indication du problème juridique. Mais certaines parties vont être doublées[14] pour tenir compte de la présence de plusieurs arrêts. Sont concernés l'exposé des faits, ainsi que celui de la procédure et des solutions intervenues.

---

14 Nous raisonnons ici en tenant compte d'un cas où seuls deux arrêts doivent être commentés.

Chapitre 3 - Le commentaire d'article

Avant de rédiger votre commentaire d'article vous devez effectuer un travail préparatoire. Celui-ci va vous permettre de faire ensuite le plan du commentaire d'article. L'introduction doit-elle être faite en dernier.

Section I - Le travail préparatoire au commentaire d'article

Ce travail préparatoire débute par la lecture de l'article. Vous ne devez pas vous limiter à une lecture rapide par définition superficielle. Vous devez lire l'article d'une façon attentive et cette lecture doit être faite plusieurs fois.

Cette lecture attentive répétée va vous permettre d'analyser chaque terme de l'article. Vous devez comprendre le sens de chaque mot. Ce sens doit être compris au point de vue juridique mais également sous d'autres angles, tels que d'un point de vue politique, ou économique ou encore social.

Vous allez ainsi parvenir à identifier deux types des données. En effet certaines vont être surtout utiles pour le plan et pour les développements tandis que d'autres le sont plus pour la construction de l'introduction et pour sa rédaction.

I / Les données surtout utiles pour le plan et les développements

Certaines données vont vous servir principalement pour construire le plan de votre commentaire et ensuite pour l'écriture des développements.

Sont concernées les données que vous allez identifier en vous attachant à comprendre la construction de l'article et l'articulation des différentes parties de l'article entre elles. Vous devez faire attention aux mots utilisés[15], aux temps employés, aux verbes présents[16].

Vous devez également vous intéresser à l'interprétation de l'article et à l'évolution de cette interprétation au fil du temps. En effet la jurisprudence peut avoir interprété l'article d'une certaine façon à une époque et d'une autre manière à une période différente.

Vous devez aussi vous poser des questions sur l'évolution historique de cet article. La rédaction de l'article a t'elle été toujours la même ou à l'inverse le contenu de l'article a t'il été modifié ?

---

15 Ainsi le mot « et » peut annoncer des conditions cumulatives, tandis que le mot « ou » peut instaurer des conditions alternatives.
16 Ainsi l'usage du verbe « pouvoir » peut annoncer une simple faculté, tandis que l'emploi du verbe « devoir » peut instaurer une obligation.

II / Les données surtout utiles pour la construction et la rédaction de l'introduction

Certaines données vont être plus utiles pour la construction de l'introduction et pour sa rédaction.

Pour identifier ces données vous devez procéder à une recherche concernant l'origine de l'article. Cette recherche consiste à parvenir à déterminer la date de l'article, son auteur[17], sa source[18].

Vous devez aussi vous interroger sur la place de l'article dans le texte duquel cet article est extrait. Cela revient à préciser dans quel titre, chapitre, partie ou section cet article a été inséré.

---

17 S'agit t'il par exemple du Premier ministre ou de l'Assemblée nationale et du Sénat ?
18 S'agit t'il par exemple d'une loi, d'un traité, d'un décret, d'une constitution ?

Vous devez également définir le contexte relatif à l'adoption de cet article. Le contexte peut être envisagé à plusieurs niveaux : historique, politique, social, économique.

La recherche du contexte relatif à l'adoption de cet article va vous conduire tout naturellement à vous interroger sur la raison pour laquelle cet article a été créé et vous devrez définir le problème juridique relatif à cet article.

Section II - Le plan du commentaire d'article

Il est important de soigner le plan d'un commentaire d'article. C'est en effet sur lui que va reposer toute la structure du commentaire et des développements que celui-ci va comporter.

Lors du travail préparatoire au commentaire d'article il a été possible de trouver des idées qui s'opposent ou qui se complètent, ce qui va vous servir pour faire le plan du commentaire d'article. Ainsi le plan du commentaire d'article doit permettre de reprendre les idées qui ont été dégagées dans le travail préparatoire.

Formellement le plan du commentaire d'article doit adopter une forme usuelle en droit puisqu'il doit comporter deux parties principales et deux sous-parties pour chaque partie principale.

Pour faire le plan du commentaire d'article il est de préférable de suivre la structure de l'article à commenter. Ainsi en présence de deux alinéas cela peut donner un plan très simple avec une première partie du commentaire qui va être dédiée au premier alinéa, tandis est la seconde partie du commentaire va porter sur le second alinéa.

Lorsqu'il s'avère inadéquat de suivre la structure de l'article les idées identifiées lors de travail préparatoire doivent aider pour faire le plan en s'appuyant sur les idées qui s'opposent ou au contraire sur celles qui se complètent.

Ceci doit conduire à faire un plan thématique avec par exemple une première partie dédiée à un principe et une seconde partie consacrée à ses exceptions, ou, autre exemple, une première partie peut porter sur une norme et la seconde partie peut être relative à son régime.

Section III - L'introduction du commentaire d'article

L'introduction d'un commentaire d'article présente des particularités par rapport aux introductions relatives à d'autres exercices, tels qu'un commentaire d'arrêt ou une dissertation.

L'introduction d'un commentaire d'article doit être courte. Généralement elle comporte entre 10 et 20 lignes et entre 3 et 5 paragraphes.

L'introduction doit comporter une phrase d'accroche. Cette phrase d'accroche peut être constituée par l'article lui-même, dont il faudra citer le numéro ainsi que le contenu et la source, du moins lorsque le contenu de cet article est court. En présence d'un article dont le contenu est long alors il faudra synthétiser l'essentiel de l'article et ne citer que cette synthèse au titre de son contenu.

Après cette phrase d'accroche il faut indiquer l'origine de l'article. Cette indication impose en réalité de mentionner plusieurs éléments. Il faut tout d'abord préciser le contexte relatif à l'adoption de cet article. Il peut s'agir d'un contexte historique ou politique ou social.

Indiquer l'origine de l'article c'est aussi mentionner la date d'adoption de cet article et préciser le texte dans lequel cet article a été incorporé. Il faut aller même jusqu'à écrire l'emplacement de cet article dans ce texte, autrement dit si ce texte correspond à un code il faut mentionner le livre dans lequel il se trouve, le titre, la section concernée[19].

Il est souvent enseigné qu'il faut citer également l'auteur de l'article. A vrai dire cette indication procède le plus souvent d'une confusion entre le commentaire d'un article et le commentaire d'un texte. Le commentaire d'un article se prête en effet généralement mal à la citation d'un auteur, à moins de considérer qu'un auteur peut être une institution ou de s'attarder sur des cas particuliers[20].

---

19 Si l'article à commenter n'est pas dans un code, il peut être, par exemple, dans un traité ou dans une loi, il faut faire un travail similaire en indiquant le titre de ce texte et la partie dans laquelle l'article à commenter est situé.

20 Au titre des cas particuliers il peut être tentant de retenir certaines lois auxquelles des noms sont usuellement associés par l'expression « dite ». Tel est le cas de la loi n° 2004-204 du 9 mars 2004

Il faut ensuite préciser la raison de la création de cet article, autrement dit pourquoi cet article a été créé.

Ensuite il faut exposer la problématique à laquelle répond l'article. Bien souvent cette

---

portant adaptation de la justice aux évolutions de la criminalité, dite loi Perben II, du nom du Garde des sceaux de l'époque Dominique Perben. Mais en réalité Dominique Perben n'est pas l'auteur de cette loi car il n'entre pas dans les attributions d'un ministre d'adopter une loi. Cette attribution incombe au pouvoir législatif et non au pouvoir exécutif. C'était toutefois lui qui avait présenté ce projet de loi. Il était ainsi l'initiateur de cette loi mais non son auteur.

Au titre d'un véritable cas particulier où l'auteur d'un article pourrait être identifié il est possible de citer les décrets puisque ceux-ci sont signés, il en va de même pour tous les textes qui sont signés. Ainsi le Décret n° 2020-395 du 3 avril 2020 autorisant l'acte notarié à distance pendant la période d'urgence sanitaire a été signé par le Premier ministre, Edouard Philippe, et la garde des sceaux, ministre de la justice, Nicole Belloubet, qui tous deux peuvent donc être considérés comme étant les auteurs de ce texte, même si en réalité il a été très vraisemblablement été préparé par leurs services respectifs et qu'ils n'en sont que les signataires.

problématique est une réponse à la raison pour laquelle l'article a été créé.

Enfin il est nécessaire de procéder à l'annonce du plan en citant la partie I et la partie II de celui-ci.

Chapitre 4 - Le cas pratique

La méthodologie relative au cas pratique impose de comprendre le but de cet exercice. Nous allons vous expliquer celui-ci. Nous vous indiquerons ensuite comment réaliser un travail préparatoire au cas pratique puis comment faire le plan et l'introduction.

Section I - Le but du cas pratique

Ce type d'exercice impose de devoir apporter une réponse juridique à une question ou, selon le cas, des réponses juridiques à plusieurs interrogations.

Le cas pratique correspond d'une certaine façon à un jeu de rôle. En effet cet exercice consiste à se mettre dans la peau d'un personnage qui doit résoudre un problème juridique. Il peut s'agir d'un avocat qui doit donner un conseil juridique. Mais il peut aussi s'agir d'un juriste d'entreprise qui doit informer son employeur ou un collaborateur de l'entreprise sur une question de droit. Il peut aussi s'agir d'un juge qui doit trancher un litige.

Il est souvent expliqué que le but du cas pratique n'est pas de trouver la solution à la question posée. Cette affirmation est en réalité discutable. Il est vrai qu'il faut surtout démontrer des capacités de raisonnement. Il faut démontrer des réflexions sur un sujet particulier. Il faut démontrer comment l'étudiant construit sa réponse au cas pratique et comment il arrive à une solution. Il n'est pas approprié de donner brutalement une solution sans aucune explication, même si cette solution est correcte.

En effet avant de parvenir à une solution il est nécessaire d'envisager plusieurs solutions car en général dans un cas pratique plusieurs solutions peuvent sembler être concurrentes. Mais une analyse plus fine du sujet permet de considérer que certaines solutions supposées ne sont en réalité pas correctes. Il faut alors les écarter et expliquer pourquoi ces solutions ne doivent pas être retenues.

A la fin du raisonnement, et donc du cas pratique, il ne doit rester qu'une seule solution. Il faut expliciter cette solution. C'est pour cette raison que les personnes qui affirment que parvenir à la bonne solution ne compte pas, ou quasiment pas, tiennent des propos biaisés. En effet il est nécessaire d'arriver à la bonne solution mais en démontrant pas à pas pourquoi c'est cette solution qui s'impose et pourquoi d'autres solutions envisagées doivent finalement être écartées.

Lorsque vous devez résoudre un cas pratique il est nécessaire de faire un préalable un travail préparatoire.

Section II - Le travail préparatoire au cas pratique

Le travail préparatoire commence par une lecture du sujet. Il faut en effet bien lire le sujet et ne pas hésiter à procéder à plusieurs relectures, ceci afin de bien comprendre le sens du sujet. Pour la même raison il ne faut pas hésiter à surligner, à souligner ou à encadrer les mots du sujet qui sont important.

Après ces lectures répétées et minutieuses du sujet il faut commencer à analyser les faits. Cette analyse doit vous permettre de procéder à un tri entre les faits qui ne sont pas utiles et ceux qui sont pertinents. Seuls les faits pertinents doivent être conservés pour la réalisation du cas pratique. Les faits inutiles doivent être écartés.

Suite à la réalisation de cette sélection des faits pertinents vous devez procéder à une réorganisation de ceux-ci. Il est possible de les réorganiser de différentes façons. En effet vous pouvez opter pour une organisation chronologique, ou pour une organisation en fonction de chaque partie ou encore pour une organisation en fonction des problèmes juridiques en cause. Lorsque l'organisation retenue correspond à une organisation chronologique il est utile de tracer une ligne du temps et de placer sur celle-ci les faits du cas pratique.

Dès lors que les faits ont été organisés, vous devez procéder à une qualification juridique de ceux-ci. A ce stade il faut ensuite identifier le ou les problèmes juridiques concernés par le cas pratique. Lorsque ces problèmes juridiques ont été identifiés il faut rechercher les différentes solutions envisageables. Autrement dit il faut rechercher la règle de droit qui s'applique aux faits pertinents.

Lors de la recherche de la règle de droit applicable il peut apparaître que plusieurs solutions sont envisageables mais que finalement une seule s'appliquera réellement. Il faut toutefois bien noter l'existence de ces différentes hypothèses sans omettre de prendre en considération les raisons pour lesquelles les hypothèses incorrectes vont devoir être écartées. Évidemment il faut aussi noter tous les arguments qui permettront de démontrer pourquoi la solution qui a votre faveur va devoir s'appliquer.

Effectuer au brouillon ce travail préparatoire s'avère indispensable avant de pouvoir concevoir le plan du cas pratique.

Section III - Le plan du cas pratique

Contrairement au commentaire d'arrêt ou à la dissertation juridique le cas pratique est un exercice beaucoup plus libre. Cette liberté se retrouve au niveau du plan. Alors que pour le commentaire d'arrêt et pour la dissertation juridique les règles relatives au plan sont relativement rigides, cette rigidité n'existe pas pour le plan du cas pratique.

En effet il n'est pas nécessaire de vous conformer à la sacro-sainte obligation de faire un plan en deux parties et deux sous-parties. Il est tout à fait possible de réaliser un cas pratique avec un plan qui présente par exemple trois parties principales. Il est même possible de se passer d'un plan formel, ce qui ne veut pas dire que le cas pratique soit dispensé d'être structuré.

Il y a donc des conceptions différentes au niveau du plan pour le cas pratique. Certaines personnes estiment qu'il ne faut pas faire un plan, d'autres considèrent à l'inverse qu'il faut faire un plan. Entre ces deux conceptions opposées se situent des personnes qui ont une position pragmatique et qui estiment que cela dépend de la particularité de chaque cas pratique.

En réalité les personnes qui affirment qu'il ne faut pas faire de plan mentent. En effet réaliser un cas pratique implique nécessairement de faire un plan. Procéder autrement reviendrait à répondre n'importe comment, en disant n'importe quoi et en mettant des mots dans n'importe quel sens sans la moindre logique.

Or une réponse obéit forcément à une logique. Il y a une organisation. Il y a une cohérence. Il y a donc un plan.

Ainsi la question n'est pas de savoir s'il faut faire un plan ou non, la question est de savoir s'il faut formaliser le plan en lui donnant des titres et des sous-titres ou non, ce qui effectivement peut dépendre du cas pratique en cause.

Pour faire le plan d'un cas pratique, qu'il soit formel ou non, il existe deux techniques différentes.

La première technique consiste à répondre les unes après les autres aux problématiques abordées par le cas pratique. Ainsi chaque problématique va correspondre à une partie de votre plan. Il va y avoir autant de parties que de problématiques et autant de sous parties qu'il existe d'hypothèses pour chaque problématique. Ainsi s'il existe trois problématiques le plan sera construit avec trois parties principales. Chaque sous-partie sera elle construite avec un rappel des faits la concernant et la qualification de ceux-ci, suivi par la problématique de la sous partie, elle-même suivie de la solution à cette sous partie.

Une seconde technique pour faire le plan du cas pratique consiste à réussir à regrouper différentes idées soulevées par le cas pratique ou au contraire a opposer ces idées ce qui permet d'obtenir les lignes directrices du plan et donc les différentes parties devant le composer. Ainsi pour un cas pratique relatif au licenciement une première partie pourrait être dédiée aux conditions du licenciement et une seconde partie concernerait les effets du licenciement. Pour un cas pratique portant sur un contrat une première partie pourrait concerner la possibilité d'annuler le contrat et la seconde partie serait relative aux conséquences de l'annulation du contrat.

Lorsqu'il n'apparaît pas possible de structurer un plan il faut simplement répondre aux problématiques rencontrées en faisant un rappel des faits et en qualifiant ceux-ci, avant d'exposer la problématique et enfin d'indiquer la solution.

Il existe deux astuces pour le plan du pratique. La première astuce consiste à bien suivre les conseils de votre chargé de travaux dirigés et de votre professeur. Autrement dit il faut s'enquérir auprès d'eux de leurs préférences en matière de réalisation d'un cas pratique. Est ce qu'ils préfèrent un plan formel ou une absence de plan formel ou adoptent ils une position intermédiaire qui dépend de la teneur du sujet du cas pratique ?

La seconde astuce consiste lorsqu'il y a plusieurs hypothèses à envisager pour répondre au cas pratique à mettre au début de la réponse les hypothèses que vous n'allez pas retenir et en dernier la bonne hypothèse, celle qui va constituer la solution au cas pratique.

Section IV - L'introduction du cas pratique

Il existe deux conceptions antagonistes concernant la réalisation d'une introduction pour le cas pratique. Pour les uns il n'est pas nécessaire de faire une introduction et il faut s'attaquer de suite au développement du cas pratique, tandis que pour les autres il faut au contraire faire une introduction destinée à devancer lesdits développements.

Lorsque l'on s'accorde sur la nécessité de réaliser une introduction celle-ci va être différente en présence d'un plan formel ou en l'absence d'un plan formel.

En présence d'un plan formel l'introduction va débuter par une phrase d'accroche. Il faut faire suivre cette phrase par l'énoncé des faits pertinents. Ces faits pertinent vont devoir ensuite eux-mêmes être suivis par l'énoncé du problème juridique. L'introduction doit se terminer sur l'annonce du plan formel du cas pratique.

En l'absence de réalisation d'un plan formel l'introduction doit débuter par une phrase d'accroche. Dans ce cas là l'introduction se limite en réalité à cette simple phrase. En effet après celle-ci débute le développement du cas pratique.

Chapitre 5 - La dissertation juridique

La rédaction de la dissertation juridique doit être précédée par la réalisation d'un travail préparatoire. Celui-ci va être utile pour établir un plan. L'introduction doit être effectuée en dernier, après la rédaction de la dissertation.

Section I - Le travail préparatoire à la dissertation juridique

Ce travail préparatoire consiste à lire et à comprendre le sujet. Il consiste également à établir une liste des idées relatives au sujet à traiter.

I / La lecture et la compréhension du sujet

A ce stade il s'agit de procéder à une lecture du sujet. Il est nécessaire de lire plusieurs fois le sujet.

Ces lectures répétées doivent aider à bien comprendre le sujet, à assimiler son sens, à prendre conscience de sa finalité. La réitération de ces lectures doit également vous permettre de bien déterminer le sens de chaque mots.

II / La liste des idées relatives au sujet à traiter

Il est important de dresser une liste de toutes les idées relatives au sujet à traiter. Ce travail permet aussi d'identifier des idées qui seraient hors sujet si elles étaient développées.

La liste de toutes les idées qui se rapportent au sujet de la dissertation va permettre de les rapprocher, ou de les opposer, ou de trouver des évolutions entre elles, ou au contraire de constater la présence de situations persistantes.

Ce travail va permettre de constater la présence de lignes directrices. Vous allez pouvoir utiliser ces lignes directrices pour faire le plan de votre dissertation.

Section II - Le plan de la dissertation juridique

Les différentes idées et les lignes directrices constatées lors du travail préparatoire vont vous aider à construire le plan de votre dissertation.

Le plan de la dissertation juridique a une forme tout à fait classique pour les travaux effectués dans le cadre d'études juridiques. En effet la dissertation va avoir une introduction puis un plan construit avec des parties principales (le I et le II) et deux sous-parties (A et B) pour chacune des parties principales. La dissertation juridique ne comporte pas de conclusion.

Il y a là une présentation formelle qui n'est pas différente de celle du commentaire d'arrêt. D'ailleurs comme pour le commentaire d'arrêt le I.B et le II. A vont être les parties dont le développement va devoir être le plus important.

Pour les plus aventureux il est possible de faire un plan en trois parties. Toutefois cette possibilité est en réalité très rare. Il faut vraiment que le sujet s'y prête. Faire un plan en trois parties implique donc de prendre un très grand risque. Il est nettement préférable de s'en tenir à la conception traditionnelle du plan en droit et d'adopter en conséquence un plan avec deux parties principales et deux sous-parties pour chacune de ces parties principales.

La forme du plan en deux parties et deux sous-parties pour chaque partie est donc quasiment universel. Mais il est bien évident qu'en fonction du sujet lui même les parties vont avoir un contenu particulier qui va être différent d'une dissertation juridique à l'autre.

Malgré cela il existe des types de plans qui peuvent revenir relativement fréquemment comme les suivants :

- les principes / les exceptions,

- la notion / le régime,

- les conditions / les effets,

- la règle générale / les règles spéciales.

D'une façon générale pour construire le plan il faut reprendre les idées et thématiques issues du travail préparatoire. Il faut ensuite les regrouper par affinités. Cela permet de créer des groupes de thématiques. Ces groupes vont constituer les différentes parties de la dissertation juridique.

Ensuite il faut parvenir à organiser ces différents groupes en déterminant les idées qui se complètent, ou à l'inverse celles qui s'opposent entre elles ou celles qui se suivent, par exemple, pour ce dernier point, dans le cadre d'une évolution dans le temps. C'est ainsi qu'au terme de ce travail le plan va être réalisé.

Il faut ensuite qualifier exactement ces groupes pour désigner correctement les parties et les sous-parties de la dissertation juridique. Les titres ainsi obtenus devront être clairs et fidèles aux développements de la dissertation.

Là aussi afin de donner une plus grande qualité à la dissertation juridique il est intéressant de parvenir à trouver des titres qui se « répondent » soit car ils se complètent, soit car ils s'opposent, soit encore car ils se suivent dans le temps.

Section III - L'introduction de la dissertation juridique

L'introduction d'une dissertation juridique doit être effectuée en dernier en s'astreignant à lui donner la forme d'un entonnoir. Il faut débuter l'introduction par des données générales pour arriver progressivement au sujet à traiter et à la façon de le traiter. Il s'agit donc, comme bien souvent en droit, de partir du général pour arriver au particulier. Cette introduction doit comprendre cinq parties.

I / Première partie de l'introduction : la phrase d'accroche

Votre introduction doit débuter par une phrase d'accroche. Cette phrase doit avoir un lien avec le sujet et elle doit inciter le lecteur à prendre connaissance de la suite de la dissertation.

Cette phrase d'accroche peut être constituée par une citation d'une personnalité comme une personnalité politique, ou un juriste, ou un philosophe[21] mais elle peut aussi consister en l'indication d'une locution latine ou d'un adage.

---

[21] Lorsque la phrase d'accroche comporte une citation il faut mentionner son auteur et placer le texte de la citation entre des guillemets.

Si vous ne parvenez pas à trouver une citation adéquate pour l'introduction vous pouvez procéder autrement.

Des solutions alternatives peuvent alors résider dans le fait de relier le sujet à un évènement relatif à l'actualité ou, à défaut, à mentionner une phrase d'ordre général qui semble de nature à retenir l'attention du lecteur. Dans ce cas cette phrase doit bien évidemment avoir un lien avec le sujet de la dissertation.

II / Seconde partie de l'introduction : le contexte et l'intérêt du sujet

Après la phrase d'accroche il est nécessaire de poser le contexte du sujet et d'indiquer son intérêt.

Cette partie doit être la plus développée de l'introduction. Pour écrire cette partie il faut situer le sujet avec des éléments contextuels qui peuvent être politiques, sociaux, historiques, économiques ou même des éléments pratiques. Ces éléments permettent de dire pourquoi le sujet est intéressant.

S'agissant d'une dissertation juridique il faut profiter de cette partie pour recentrer le sujet sur son aspect le plus juridique. Cela impose de trouver et d'expliquer la problématique juridique du sujet. Il faut indiquer pourquoi ce sujet intéresse le droit.

III / Troisième partie de l'introduction : l'annonce du sujet

L'annonce du sujet doit être faite très simplement. Il est en effet juste nécessaire de reprendre les termes du sujet. Cette partie doit être extrêmement courte. Une seule phrase suffit.

IV / Quatrième partie de l'introduction : la délimitation du sujet

Après avoir énoncé le sujet il faut le délimiter.

La délimitation du sujet consiste à indiquer les choix fait pour traiter celui-ci.

En effet certaines notions peuvent de prime abord sembler être liées à ce sujet. Mais à bien y regarder il est préférable de les écarter car une réflexion plus fine donne à penser qu'elles conduisent à un hors sujet. Il faut alors nommer ces notions et expliquer pourquoi l'auteur de la dissertation juridique a fait le choix de ne pas les développer.

V / Cinquième partie de l'introduction : l'annonce des parties principales

A ce stade il convient simplement d'annoncer de façon très courte le plan de la dissertation juridique en reprenant le titre du I et celui du II.

Chapitre 6 - La note de synthèse

La note de synthèse est un exercice qui peut vous dérouter car généralement les étudiants n'ont jamais été confrontés antérieurement à ce type d'exercice.

C'est pourquoi nous estimons préférable de vous exposer le but de la note de synthèse. Nous vous expliquerons ensuite comment préparer une note de synthèse, comment faire le plan et comment rédiger l'introduction.

Section I - Le but de la note de synthèse en droit

La note de synthèse en droit est un exercice particulier. Vous allez devoir vous mettre dans la peau d'un professionnel du droit. Ce professionnel doit réaliser à partir de plusieurs documents une note pour un collaborateur ou pour un supérieur hiérarchique. Le destinataire de cette note n'a pas le temps de lire tous les documents. Il est donc nécessaire de parvenir à synthétiser ceux-ci d'une façon claire et concise dans un seul document, autrement dit dans cette fameuse note de synthèse.

Les documents qui constituent le dossier à partir duquel la note de synthèse va devoir être effectuée peuvent être de différentes natures. Ainsi on trouve généralement dans ce dossier des textes législatifs ou réglementaires, de la jurisprudence, des articles de doctrine, des articles de presse.

Vous ne devez pas confondre la note de synthèse avec d'autres exercices qui sont habituels en droit. La note de synthèse n'est pas un commentaire d'arrêt. Elle n'est pas non plus une dissertation. Dans une note de synthèse vous ne devez pas donner votre opinion ou faire ressortir vos connaissances juridiques. On peut même considérer qu'une personne dépourvue de compétences dans le domaine du droit peut faire ce type de note si elle dispose d'un fort esprit de synthèse.

Il serait également erroné de considérer qu'une note de synthèse constitue un résumé de chaque document constituant le dossier, voire un résumé global de l'ensemble de ces documents. Vous ne devez pas suivre la trame de chaque document. Vous ne devez pas non plus suivre l'ordre des différents documents.

La particularité de la note de synthèse réside dans le fait de devoir exposer clairement les différentes idées principales de chaque document en étant obligé de relier entre elles ces idées principales spécifiques. Cette synthèse des idées principales contenues dans le dossier doit être faite en quatre ou cinq pages maximum.

Avant de vous attaquer au plan, aux développements et à l'introduction de la note de synthèse vous devez faire un travail préparatoire.

Section II - Le travail préparatoire à la note de synthèse

Le travail préparatoire à la note de synthèse est constitué par la lecture et l'analyse du sujet, par un classement des documents et par une lecture des documents et une prise de notes.

I / La lecture et l'analyse du sujet

Pour préparer votre note de synthèse vous devez commencer par lire l'intitulé du sujet et par procéder à son analyse. Cette lecture doit vous permettre de bien comprendre le sujet.

Elle doit vous aider à voir ce qui est important dans celui-ci.

II /   Le classement des documents

Vous devez ensuite classer les différents documents présents dans le dossier.

Il est également nécessaire de numéroter chaque document afin de pouvoir ensuite l'identifier plus facilement et plus rapidement.

Afin de procéder à ce classement vous ne devez pas lire en entier chaque document. Vous devez simplement parvenir à reconnaître le type de documents en cause et sa date, même approximative.

Après avoir fait ce bref survol il est possible de classer les documents. Ce classement peut être effectué de différentes façons :

- soit chronologiquement,

- soit, à l'inverse, antéchronologiquement,

- soit par type de documents[22]. Lorsque les documents du dossier sont classés par type, il faut ensuite pour chaque type de document faire un autre classement, lequel doit alors être chronologique ou antéchronologique.

Après avoir classer les documents vous pouvez les lire et procéder à une prise de notes.

---

[22] Autrement dit en regroupant entre eux les articles de presse, la doctrine, les textes législatifs ou réglementaires, la jurisprudence

III / La lecture des documents et la prise de notes

Lorsque le classement est terminé il est nécessaire de commencer la lecture des documents et la prise de notes.

Il existe deux méthodes principales concernant cette phase. En effet il est généralement enseigné une méthode classique, alors qu'une méthode plus moderne existe.

A) La méthode classique pour la lecture des documents et la prise de notes

La méthode classique commence par la lecture de tous les documents. Comme le temps pour lire les documents est limité il peut être utile d'utiliser des astuces. Ainsi concernant les documents relatifs à la doctrine la lecture des notes de bas de page peut être omise. Pour la jurisprudence la lecture peut se limiter à la consultation du résumé s'il est présent ou, à défaut, de l'attendu principal. Pour les lois et les textes réglementaires des titres peuvent permettre de constater que des passages sont hors sujets et qu'ils ne doivent pas lus. Il en va de même de passages trop techniques.

La lecture des documents qui composent le dossier permet de repérer des mots clés et les parties essentielles de chaque document. Pour les identifier plus facilement il peut être utile de les surligner, ou de les souligner, ou de les encadrer, ou encore d'utiliser des codes couleurs.

Parallèlement à la lecture des documents il faut prendre des notes sur une feuille de brouillon. Ces notes peuvent être exposées avec une présentation en trois parties ou en deux parties.

La prise de notes en trois parties s'effectue sur une feuille préalablement divisée en trois colonnes. La première colonne va comporter le numéro du document. La seconde colonne va comporter l'idée principale ou les idées principales du document. La troisième colonne va comporter les mots clés auxquels il est possible de rattacher ce document.

Ce sont les mots clefs qui vont permettre de regrouper des idées et les documents entre eux. Il peut y avoir plusieurs mots clés pour un document. Plusieurs documents peuvent avoir le même mot clé. Il est d'ailleurs important lorsqu'une idée est présente dans plusieurs documents d'utiliser toujours le même mot clé pour l'identifier. Cela aide ensuite à regrouper les documents.

Il existe une variante à cette présentation en trois parties. Elle consiste à se limiter à une présentation en deux parties. Dans ce cas là seule deux colonnes sont présentes. La première colonne est dédiée aux numéros des documents. La seconde colonne doit accueillir les idées exprimées par chaque document.

A cette méthode classique de prise de notes il est possible de préférer une méthode plus moderne mais rarement enseignée.

B) La méthode moderne pour la lecture des documents et la prise de notes

La méthode moderne de prise de notes consiste à utiliser une carte mentale au lieu d'une feuille divisée en trois ou en deux parties.

Dans ce cas le sujet de la note de synthèse va se trouver au centre de la carte mentale. De ce centre plusieurs branches vont partir dans une présentation en étoile. Ces branches vont tourner autour du centre de la carte mentale.

Chaque branche va représenter un document du dossier.

De chaque branche de la carte mentale deux sous branches, ou branches secondaires, vont partir. Elles vont représenter, pour l'une, les idées principales de chaque document et, pour l'autre, les mots clés de chaque document.

Avec la carte mentale des repères sous forme de codes couleurs peuvent être utilisés dans le but de bien faire apparaître les mots clés et les idées principales. Ainsi il est facile de reconnaître les éléments qui sont communs à plusieurs documents. La carte mentale permet d'avoir une vision globale et rapide de tous les éléments du dossier.

Cette méthode ne fonctionne pas nécessairement pour toutes les personnes. Il faut faire plusieurs tentatives pour voir la méthode qui vous convient le mieux.

Après avoir effectué ce travail préparatoire vient le temps de réaliser le plan de la note de synthèse.

Section III - Le plan de la note de synthèse

Pour réussir une note de synthèse il est nécessaire d'établir un plan de qualité. Le plan est essentiel. Il va permettre d'exposer les différents éléments de la note de synthèse d'une façon cohérente.

Afin de réaliser ce plan il faut reprendre les éléments qui ont été identifiés lors de la préparation de la note de synthèse. En effet pendant la préparation de la note de synthèse plusieurs thèmes et plusieurs mots clés ont été identifiés. Il faut donc utiliser ces mots clés. L'usage de ceux-ci permet de trouver les thèmes communs ou au contraire les thèmes qui s'opposent, ce qui va permettre de faire le plan.

Plus exactement cela va permettre de faire les différentes parties du plan qui vont à terme constituer le plan. Il est préférable de commencer par faire les sous parties et ensuite de regrouper ces différentes sous-parties pour obtenir les deux parties principales. Il faut utiliser la totalité des documents présents dans le dossier pour faire le plan.

Le plan doit être simple. Il doit être cohérent. Le plan doit-il également être équilibré ou non ? Ce point ne semble pas faire l'objet d'un consensus. En effet pour certains le plan doit être équilibré, tandis que pour d'autres il ne doit pas nécessairement être équilibré.

A notre avis il faut adopter une attitude nuancée et raisonnable en recherchant un plan relativement équilibré. Il faut se contenter de rechercher un certain équilibre en évitant tout excès. Ainsi si pratiquement tous les documents de la note de synthèse sont cités dans une partie et qu'il n'y a qu'un seul document cité dans une autre partie alors on peut constater qu'il y a manifestement déséquilibre important ce qui permet d'en conclure que ce plan n'est pas convenable et doit être retravaillé.

Le plan doit comporter des titres. Ces titres doivent être courts. Il ne doivent pas dépasser une ligne et ils ne doivent pas dépasser cinq mots. Les titres doivent être simples. Il est aussi nécessaire de parvenir à faire des titres logiques, tels que des titres qui s'opposent ou qui se répondent. Ainsi on peut avoir un titre qui concerne des conditions et un autre qui porte sur des effets.

Les titres doivent être travaillés pour être spécifiques au sujet traité. Il est nécessaire de les adapter à la thématique de la note de synthèse.

Section IV - L'introduction de la note de synthèse

En ce qui concerne l'introduction de la note de synthèse il y a des points qui font l'objet d'un consensus et d'autres qui ne le font pas.

I / Les aspects de l'introduction qui font l'objet d'un consensus

Le premier point qui fait l'objet d'un consensus réside dans le fait que l'introduction d'une note de synthèse est très différente de l'introduction d'un commentaire d'arrêt ou d'une dissertation juridique.

Cet exercice présente des particularités qu'il faut correctement appréhender. L'introduction ici ne sert pas, fondamentalement, à introduire un devoir. Elle sert à introduire un dossier.

Le second point qui fait l'objet d'un consensus réside dans la longueur de l'introduction. Il est communément admis que l'introduction de la note de synthèse doit être courte.

Le consensus généralement se termine là et viennent ensuite les différences d'opinions.

II / Les aspects de l'introduction qui ne font pas l'objet d'un consensus

Il existe des différences entre les avis des commentateurs. Ainsi concernant le phrase d'accroche certains estiment qu'il ne faut pas de phrase d'accroche. D'autres estiment au contraire qu'une phrase d'accroche est nécessaire.

La quantification de la longueur de l'introduction fait aussi l'objet d'avis différents. Pour certains il faut faire trois phrases, d'autres considèrent qu'il faut faire quatre ou cinq phrases. Nous estimons nécessaires de fédérer ces affirmations en considérant qu'il faut faire entre trois et cinq phrases.

Si on s'intéresse à la longueur de l'introduction non pas en nombre de phrases mais en nombre de lignes certains affirment qu'il faut huit lignes. D'autres considèrent qu'il faut dix lignes. Il nous a même été donné de lire qu'il faut quinze lignes. A notre sens une introduction avec une longueur de quinze lignes serait excessive. Il est préférable d'estimer que l'introduction doit faire entre huit et dix lignes.

Ainsi l'introduction doit faire entre trois et cinq phrases et entre huit et dix lignes.

Comment expliquer l'existence d'avis différents concernant la longueur de l'introduction et la présente de la phrase d'accroche ? Ceci s'explique très simplement.

Cette différence peut résulter du fait que la note de synthèse en droit n'est pas très bien enseignée. C'est un peu le parent pauvre de la méthodologie juridique. Cette situation peut entraîner un manque d'uniformité dans les pratiques observables.

Cette absence d'uniformité peut également s'expliquer par les considérations propres de chaque correcteur, de chaque enseignant, de chaque faculté. Certains vont avoir tendance à vouloir une introduction vraiment très courte et d'autres vont admettre une introduction un peu plus longue. De même certains vont souhaiter la présence d'une phrase d'accroche, et d'autres non.

Ce sont des choix personnels commandés par des considérations subjectives qui varient d'un individu à l'autre. D'où probablement l'intérêt de connaître au préalable les souhaits des correcteurs.

III / Le contenu de l'introduction de la note de synthèse

L'introduction de la note de synthèse doit comporter trois parties relatives à la phrase d'accroche, à la présentation de l'intérêt du sujet et à l'annonce du plan.

A) Première partie de l'introduction : la phrase d'accroche

La première partie de l'introduction de la note de synthèse consiste en une présentation du sujet.

Bien que la désignation de cette phrase soit discutée à notre sens il s'agit bien d'une phrase d'accroche.

Il faut une phrase courte et percutante pour donner envie aux lecteurs de lire la suite de la note. Cette phrase peut être la reprise de l'intitulé du sujet, ou bien il peut s'agir d'une citation ou d'une référence à un fait divers, ou bien encore il peut s'agir d'une référence à l'actualité. De préférence ce premier élément doit être pris dans un document du dossier.

B) Seconde partie de l'introduction : la présentation de l'intérêt du sujet

La seconde partie de l'introduction consiste en une présentation de l'intérêt du sujet.

Il faut dire pourquoi ce sujet est intéressant ou d'actualité. Là aussi de préférence il faut prendre cette indication dans un document du dossier.

C) Troisième partie de l'introduction : l'annonce du plan

La troisième partie de l'introduction a tout simplement vocation à annoncer le plan de la note de synthèse.

Cette annonce doit porter uniquement sur les deux parties principales. Il ne faut pas annoncer les sous-parties.

Au point de vue du style de l'annonce il ne faut pas dire des mots tels que « nous verrons dans une première partie… et ensuite nous verrons dans une seconde partie ». Il vaut mieux annoncer les deux parties principales dans une seule phrase très simple.

Postface

Le présent second tome de notre ouvrage de méthodologie juridique est relatif à la compréhension et à la résolution des exercices juridiques. Pris isolément il correspond ainsi au sens le plus strict et le plus usuel de la méthodologique juridique.

Nous avons adopté une conception extensive de la méthodologie juridique en complétant celle-ci par d'autres matières qui sont de nature à aider les étudiants en droit.

En effet notre raisonnement nous a conduit à identifier trois Piliers sur lesquels les étudiants peuvent s'appuyer pour réussir le cursus qu'ils suivent, d'où la rédaction de notre ouvrage de méthodologie juridique en trois tomes.

Le second tome relatif aux méthodes pour comprendre et résoudre les exercices juridiques, dont vous venez de prendre connaissance, est ainsi précédé par un premier tome consacré aux outils dont l'étudiant en droit doit se servir pour réussir ses études. Le troisième tome concerne les techniques d'apprentissage.

Table des matières

Chapitre 1 - Le commentaire d'arrêt............9
 Section I - Le travail préparatoire au commentaire d'arrêt...............10
  I / Le travail préparatoire concernant les faits................11
   A) Les faits à prendre en considération..................11
   B) Le classement des faits............13
  II / Le travail préparatoire concernant la procédure...................16
   A) Les différents éléments relatifs à la procédure..................17
   B) Les classements des éléments relatifs à la procédure...................19
 Section II - Le plan du commentaire d'arrêt................20
  I / Les notions à que le plan doit contenir absolument.......................20
  II / Le plan classique......................22
  III / Des solutions alternatives...........25
 Section III - L'introduction du commentaire d'arrêt..................27
  I / Première partie de l'introduction : la phrase d'accroche...........................29
  II / Seconde partie de l'introduction : la description des faits.......................30

III / Troisième partie de l'introduction :
　　la description de la procédure............32
　　IV / Quatrième partie de l'introduction :
　　l'exposé du problème juridique..........33
　　V / Cinquième partie de l'introduction :
　　la solution de l'arrêt............................34
　　VI / Sixième partie de l'introduction :
　　l'annonce des parties principales.......35
Chapitre 2 - Le commentaire d'arrêts
comparés..37
　　I / Le but du commentaire d'arrêts
　　comparés..38
　　II / Le plan du commentaire d'arrêts
　　comparés..39
　　III / L'introduction du commentaire
　　d'arrêts comparés...............................41
Chapitre 3 - Le commentaire d'article.......43
　Section I - Le travail préparatoire au
　commentaire d'article.............................43
　　I / Les données surtout utiles pour le
　　plan et les développements...............44
　　II / Les données surtout utiles pour la
　　construction et la rédaction de
　　l'introduction..46
　Section II - Le plan du commentaire
　d'article..47
　Section III - L'introduction du
　commentaire d'article.............................49
Chapitre 4 - Le cas pratique.....................54
　　Section I - Le but du cas pratique..........54

Section II - Le travail préparatoire au cas pratique..................57
Section III - Le plan du cas pratique......59
Section IV - L'introduction du cas pratique..................64
Chapitre 5 - La dissertation juridique.........67
   Section I - Le travail préparatoire à la dissertation juridique..................67
     I / La lecture et la compréhension du sujet..................68
     II / La liste des idées relatives au sujet à traiter..................68
   Section II - Le plan de la dissertation juridique..................69
   Section III - L'introduction de la dissertation juridique..................73
     I / Première partie de l'introduction : la phrase d'accroche..................74
     II / Seconde partie de l'introduction : le contexte et l'intérêt du sujet...............75
     III / Troisième partie de l'introduction : l'annonce du sujet..................76
     IV / Quatrième partie de l'introduction : la délimitation du sujet......................77
     V / Cinquième partie de l'introduction : l'annonce des parties principales......78
Chapitre 6 - La note de synthèse..............79
   Section I - Le but de la note de synthèse en droit..................79

Section II - Le travail préparatoire à la note de synthèse..................................82
  I / La lecture et l'analyse du sujet......82
  II / Le classement des documents....83
  III / La lecture des documents et la prise de notes..................................85
    A) La méthode classique pour la lecture des documents et la prise de notes..85
    B) La méthode moderne pour la lecture des documents et la prise de notes..88

Section III - Le plan de la note de synthèse..90

Section IV - L'introduction de la note de synthèse..93
  I / Les aspects de l'introduction qui font l'objet d'un consensus.......................93
  II / Les aspects de l'introduction qui ne font pas l'objet d'un consensus.........94
  III / Le contenu de l'introduction de la note de synthèse...............................97
    A) Première partie de l'introduction : la phrase d'accroche.....................97
    B) Seconde partie de l'introduction : la présentation de l'intérêt du sujet 98
    C) Troisième partie de l'introduction : l'annonce du plan. .99

Cette œuvre est protégée dans toutes ses composantes par les dispositions du Code de la propriété intellectuelle, notamment celles relatives aux droits d'auteur.

Copyright © 2021 - Tous droits réservés

Aurny AIRDUVAL - www.ultimatedroit.fr

www.ingramcontent.com/pod-product-compliance
Lightning Source LLC
Chambersburg PA
CBHW070244220526
45465CB00004B/1521